FIVE YEARS OF PARENTING

ONE LINE A WEEK

Copyright © 2017 by Calpine Memory Books
All rights reserved. This book or any portion thereof
may not be reproduced or used in any manner
whatsoever without the express written permission of
the publisher.

How To Use This Book

Start anytime.
Fill in the year.
Take a minute a week.
Write a line or two.
The best part of your week
...or the worst
A funny moment or quote.
Anything you want.
Skip a week?
No Problem.
Write the date if you wish.
In five years,
look back and remember
all of the little things.

JANUARY
WEEK 1

20   :

20   :

20   :

20   :

20   :

JANUARY
WEEK 2

20   :

---

20   :

---

20   :

---

20   :

---

20   :

JANUARY
WEEK 3

20   :

---

20   :

---

20   :

---

20   :

---

20   :

JANUARY
WEEK 4

20 :

20 :

20 :

20 :

20 :

FEBRUARY
WEEK 1

20   :

---

20   :

---

20   :

---

20   :

---

20   :

FEBRUARY WEEK 2

20   :

20   :

20   :

20   :

20   :

FEBRUARY
WEEK 3

20 :

20 :

20 :

20 :

20 :

FEBRUARY
WEEK 4

20 :

20 :

20 :

20 :

20 :

MARCH
WEEK 1

20 :

20 :

20 :

20 :

20 :

MARCH
WEEK 2

20   :

20   :

20   :

20   :

20   :

MARCH
WEEK 3

20 :

20 :

20 :

20 :

20 :

MARCH
WEEK 4

2 0   **:**

---

2 0   **:**

---

2 0   **:**

---

2 0   **:**

---

2 0   **:**

APRIL
WEEK 1

20 :

20 :

20 :

20 :

20 :

APRIL
WEEK 2

20 :

---

20 :

---

20 :

---

20 :

---

20 :

APRIL
WEEK 3

20 :

20 :

20 :

20 :

20 :

APRIL
WEEK 4

20 :

20 :

20 :

20 :

20 :

MAY
WEEK 1

20   :

20   :

20   :

20   :

20   :

MAY
WEEK 2

20 :

---

20 :

---

20 :

---

20 :

---

20 :

MAY
WEEK 3

20   :

20   :

20   :

20   :

20   :

MAY
WEEK 4

20 :

20 :

20 :

20 :

20 :

JUNE
WEEK 1

20   :

---

20   :

---

20   :

---

20   :

---

20   :

JUNE
WEEK 2

20 :

20 :

20 :

20 :

20 :

JUNE
WEEK 3

20 :

20 :

20 :

20 :

20 :

JUNE
WEEK 4

20   :

20   :

20   :

20   :

20   :

JULY
WEEK 1

20   :

_____

_____

_____

20   :

_____

_____

_____

20   :

_____

_____

_____

20   :

_____

_____

_____

20   :

_____

_____

_____

JULY
WEEK 2

20   :

20   :

20   :

20   :

20   :

JULY
WEEK 3

20 :

20 :

20 :

20 :

20 :

JULY
WEEK 4

20 :

20 :

20 :

20 :

20 :

AUGUST
WEEK 1

20   :

20   :

20   :

20   :

20   :

AUGUST
WEEK 2

20 :

---

20 :

---

20 :

---

20 :

---

20 :

AUGUST
WEEK 3

20 :

20 :

20 :

20 :

20 :

AUGUST
WEEK 4

20   :

20   :

20   :

20   :

20   :

SEPTEMBER
WEEK 1

20 :

20 :

20 :

20 :

20 :

SEPTEMBER
WEEK 2

20 :

20 :

20 :

20 :

20 :

SEPTEMBER
WEEK 3

20 :

20 :

20 :

20 :

20 :

SEPTEMBER
WEEK 4

20 :

20 :

20 :

20 :

20 :

OCTOBER
WEEK 1

2 0   :

2 0   :

2 0   :

2 0   :

2 0   :

OCTOBER WEEK 2

20 :

20 :

20 :

20 :

20 :

OCTOBER
WEEK 3

20   :

---

20   :

---

20   :

---

20   :

---

20   :

OCTOBER
WEEK 4

20 :

20 :

20 :

20 :

20 :

NOVEMBER
WEEK 1

20 :

20 :

20 :

20 :

20 :

NOVEMBER
WEEK 2

20 :

20 :

20 :

20 :

20 :

NOVEMBER
WEEK 3

20 ___ **:**

20 ___ **:**

20 ___ **:**

20 ___ **:**

20 ___ **:**

NOVEMBER
WEEK 4

20 :

20 :

20 :

20 :

20 :

DECEMBER
WEEK 1

20   :

20   :

20   :

20   :

20   :

DECEMBER WEEK 2

20   :

20   :

20   :

20   :

20   :

DECEMBER
WEEK 3

20 :

20 :

20 :

20 :

20 :

DECEMBER
WEEK 4

20 :

20 :

20 :

20 :

20 :

Made in the USA
Lexington, KY
02 February 2019